AF453735

IMPRIMÉ CHEZ PAUL RENOUARD, RUE GARANCIÈRE, 5.

LETTRE

A M. VATOUT,

DÉPUTÉ DU DÉPARTEMENT DE LA CÔTE-D'OR ;

A L'OCCASION

DE SA MOTION SUR LE CANAL DE SOISSONS,

INSÉRÉE DANS LE MONITEUR DU 5 JUIN 1833.

PARIS.

CARILIAN-GOEURY, LIBRAIRE,
QUAI DES AUGUSTINS, N. 41.

1835.

LETTRE

A M. VATOUT,

DÉPUTÉ DU DÉPARTEMENT DE LA CÔTE-D'OR,

A L'OCCASION DE SA MOTION SUR LE CANAL DE SOISSONS,

INSÉRÉE DANS LE MONITEUR DU 5 JUIN 1833.

Paris, le 29 mars 1834.

MONSIEUR ET HONORABLE DÉPUTÉ,

Je trouve dans le compte rendu par le Moniteur, de la séance de la Chambre des Députés du 4 juin 1833, la proposition faite par vous « d'ouvrir au « Ministre du commerce un crédit de deux millions « pour concourir à l'achèvement du canal de l'Ourcq « à l'Aisne, depuis la *Ferté-Milon* jusqu'à *Soissons*. »

Vous rappelâtes dans le développement de cette proposition que ce projet, dont la date remonte à 1805, était une des pensées favorites de l'Empereur, et qu'il attachait d'autant plus de prix à son exécu-

1

tion qu'à côté de l'intérêt commercial se trouvait un intérêt politique.

En effet ce canal ne contribuera pas seulement à accroître la prospérité des départemens de la *Meuse*, des *Ardennes*, de l'*Aisne*, de la *Seine*, et de *Seine-et-Marne* ; il offrira encore des gages de sécurité à la capitale, et par conséquent à toute la France, en facilitant, et en rendant plus économique le transport des approvisionnemens en farine que l'ancienne province du Soissonnais fournit à la ville de Paris.

Vous ajoutâtes : « *Que tous les calculs ont été* « *établis, et que le terrain a été étudié par* M. Du- « leau, *dont le nom était une autorité dans les ponts-* « *et-chaussées,* et que le préfet et le conseil muni- « cipal de la ville de Paris font des vœux pour le « succès de cette entreprise qui intéresse, à un si « haut degré, la tranquillité de la capitale. »

Enfin vous vous êtes, avec raison, appuyé de l'o-pinion émise par Napoléon dans un conseil extra-ordinaire tenu aux Tuileries, le 8 mars 1805, à l'effet de discuter et de résoudre définitivement la question de savoir si le canal de l'Ourcq serait rendu navigable ou non ; opinion que j'ai rapportée textuel-lement dans l'introduction historique de *mes mé-moires sur le canal de l'Ourcq et l'emploi de ses eaux,* pag. 61.

J'ai dû voir et j'ai vu avec beaucoup de satisfac-tion, monsieur et honorable député, votre insistance à faire valoir, dans la séance du 4 juin 1833, un projet dont je n'ai cessé de m'occuper depuis 1805 et dont les avantages sont tellement frappans, qu'à mon avis, il sera nécessairement mis à exécution, un peu plus tôt ou un peu plus tard ; soit que le gouvernement seul fasse les frais de son exécution, soit qu'une compagnie l'entreprenne à ses risques et périls, soit enfin que, pour hâter l'époque de son achèvement une subvention de fonds publics vienne, comme vous l'avez demandé, accroître ceux que l'industrie particulière pourrait y consacrer.

Si telle est mon opinion sur le canal de Soissons, vous concevrez aisément, monsieur, qu'après avoir employé les meilleures années de ma vie à assurer le succès du canal de l'Ourcq, et lorsque j'ai le bonheur d'en être le témoin, je tienne à honneur d'avoir complété le projet de ce grand ouvrage par celui d'un canal destiné à opérer la jonction de la Seine avec la Meuse et l'Escaut, c'est-à-dire, à établir une ligne de navigation qui, ayant Paris pour centre, s'étendra, en suivant la direction la plus avantageuse, de la Manche à la mer du Nord.

Or, je renoncerais aux droits qui peuvent m'être acquis, sur ce point, à l'estime publique, si je négligeais de réclamer près de vous, non-seulement contre l'oubli que vous avez commis, en ne citant pas les sources où vous avez puisé les paroles de l'empereur Napoléon que vous avez rappelées à l'appui de votre proposition ; mais encore contre la substitution que vous avez faite, d'après des renseignemens inexacts, du nom de M. l'ingénieur Duleau au mien, *comme ayant établi tous les calculs, étudié tous les terrains*, etc., c'est-à-dire en d'autres termes, comme étant l'auteur du projet.

L'intérêt que j'attache à rectifier l'erreur dans laquelle vous avez été induit, et le crédit que peut donner à cette erreur l'autorité de vos paroles, quand du haut de la tribune nationale, elles se répandent dans le public, justifieront suffisamment ma réclamation près de vous.

Cependant, monsieur et honorable député, comme je n'ai rien plus à cœur que de vous convaincre de sa légitimité, je crois devoir mettre sous vos yeux la notice suivante, sur laquelle j'appelle toute votre attention.

NOTICE HISTORIQUE

SUR

LE PROJET DU CANAL DE SOISSONS.

L'empereur Napoléon ayant décidé, dans un conseil d'administration, tenu le 8 mars 1805, que le canal de l'Ourcq serait rendu navigable et qu'il serait prolongé jusqu'à la rivière d'Aisne à Soissons, il fut dressé, le 23 mai suivant, conformément aux termes de cette décision, une instruction spéciale du ministre de l'intérieur.

L'article 6 de cette instruction est ainsi conçu : « Il sera fait un projet de canal de jonction de l'Ourcq « et de l'Aisne, entre Mareuil et Soissons. Ce canal « sera projeté *dans les dimensions qui auront été* « *fixées pour celui de la dérivation de l'Ourcq. Le* « projet en sera terminé dans le cours de la cam- « pagne de l'an XIII. »

Empressé de donner aux travaux dont j'étais chargé l'extension la plus utile qu'ils pussent recevoir, je n'avais pas attendu l'envoi officiel de cette instruction pour m'occuper de l'opération qu'elle prescrivait. Car, dès le 13 mars, 5 jours après la décision de l'Empereur, on avait commencé la reconnaissance du terrain que le canal de jonction de l'Ourcq et de l'Aisne devait traverser entre la Ferté-Milon et Soissons, et dès le 18 on connaissait déjà le résultat de cette première opération.

L'activité avec laquelle les travaux du canal de l'Ourcq et ceux de la distribution de ses eaux dans Paris, furent poussés pendant les années 1806, 1807 et 1808, ne permit pas de songer à entreprendre le canal de Soissons. Je profitai néanmoins de cet intervalle de temps, pour en étudier le projet plus à fond.

La réunion de l'Ourcq à l'Aisne peut s'effectuer suivant deux lignes différentes ; la première se dirige du port aux Perches, à Soissons, par le point culminant de Vierzy; la seconde se dirige le long de la vallée de l'Ourcq jusqu'à Fère en Tardenois pour de là gagner la Vesle près de Braisne à 9,000 mètres environ de son embouchure, dans l'Aisne et par conséquent à 14,000 mètres au-dessus de Soissons.

L'idée de cette seconde direction avait été mise en avant par quelques personnes, uniquement dans l'intérêt de la ville de Reims, et pour établir entre cette ville et Paris une communication navigable plus courte que celle qui existe aujourd'hui.

Les nivellemens et autres opérations graphiques nécessaires pour comparer avec connaissance de cause les avantages respectifs de ces deux lignes, apprirent que la longueur du canal qui suivrait la 2ᵉ ligne, et le nombre de ses écluses seraient doubles de la longueur et du nombre des écluses du canal que suivrait la première; ce qui augmenterait, à-peu-près, dans la même proportion, non-seulement les frais de construction de celui-là, mais encóre le temps qu'il faudrait employer à le parcourir.

Ainsi se trouvaient confirmés les nombreux avantages que présentait la direction du canal de Soissons par le point culminant de Vierzy.

Cette conclusion termine le compte que je rendis, le 17 février 1809, à M. de Montalivet, alors directeur général des ponts-et-chaussées, des différentes opérations qui avaient été faites, pour mettre l'administration à même de fixer son choix entre les deux directions qu'on avait comparées.

M. de Montalivet adopta ma proposition, et me chargea par sa lettre du 11 avril suivant de rédiger le projet définitif du canal de Soissons en le faisant passer par Vierzy.

Quelque importance qu'on attachât à la prompte exécution de ce canal on pouvait, sans inconvénient, l'ajourner jusqu'à l'achèvement de la dérivation de l'Ourcq et la mise en activité des canaux de Saint-Denis et de Saint-Martin.

Aussi cet ajournement fut-il prononcé par l'empereur dans les conseils d'administration qui furent tenus aux Tuileries les 18 et 25 janvier 1810. Voilà pourquoi le canal de Soissons ne figure pas au tableau que je reçus l'ordre de dresser de tous les ouvrages à exécuter jusqu'en 1817, pour terminer, dans ce délai, le canal de l'Ourcq, la distribution de ses eaux et les canaux de Saint-Denis et de Saint-Martin. (*Mémoires sur le canal de l'Ourcq, etc.* pag. 107).

Depuis la loi de 1791, portant suppression des apanages, la rivière d'Ourcq qui avait autrefois fait partie de celui de la maison d'Orléans, était entrée dans le domaine de l'État, et le gouvernement pouvait librement disposer de ses eaux, jusqu'au port aux Perches, point où cette rivière commence à être navigable au dessus de la Ferté-Milon.

L'ordonnance royale du 20 mai 1814 ayant restitué à S. A. S. Monseigneur le duc d'Orléans, toutes les parties du domaine de sa maison qui n'avaient point été aliénées pendant la révolution, le canal de

Soissons ne pouvait plus être exécuté que du consentement de S. A. R., puisque la portion de la rivière d'Ourcq qui remonte au-dessus de Mareuil, et qui offre, au port aux Perches, le seul moyen de communication praticable, entre le nouveau canal de l'Ourcq et celui de Soissons, venait d'être restituée au domaine privé du prince.

Quelle que fût l'issue des négociations qui pourraient ultérieurement être ouvertes à ce sujet, l'utilité de cette communication ne pouvait être mise en doute, tant dans les intérêts de S. A. R., que dans ceux de la ville de Paris, aux droits de laquelle la compagnie des canaux de l'Ourcq et de Saint-Denis avait été substituée, pendant 99 ans, par l'acte de concession du 19 avril et la loi du 20 mai 1818.

Je pensai donc que les travaux du canal de l'Ourcq touchant à leur fin, au commencement de 1822, le moment était venu de remettre sur le tapis le projet de jonction du canal de l'Ourcq à l'Aisne dont l'exécution avait été ordonnée le 8 mars 1805.

M. l'ingénieur Duleau, qui avait surveillé, pour le compte de la compagnie des canaux, l'exécution de la partie supérieure du canal de l'Ourcq, n'ayant plus d'occupation sur ce canal, je proposai à cette compagnie de le charger des opérations qui restaient à faire pour compléter le projet de celui de Soissons. Mais l'état de santé de cet ingénieur, et la rigueur de la saison ne lui permirent pas de se livrer à des opérations fatigantes; les travaux du canal Saint-

Martin lui offrant d'ailleurs une occasion favorable de venir résider à Paris, ce qui lui convenait beaucoup, il refusa de s'occuper du canal de Soissons.

Je proposai alors de confier les opérations qui restaient à faire et dont M. Duleau aurait été chargé à M. Saint-James, l'un des entrepreneurs actuels du canal de Berry qui, dans l'intervalle de 1804 à 1809, pendant qu'il exerçait les fonctions de conducteur, avait levé les plans et fait les nivellemens nécessaires à la comparaison des deux projets de jonction de l'Ourcq à l'Aisne par le point culminant de *Vierzy*, ou par *la vallée de la Vesle.*

Ma proposition fut acceptée par la compagnie, qui consentait à acquitter les frais des opérations relatives à la rédaction d'un projet définitif, et l'on mit sur-le-champ la main à l'œuvre.

En conséquence, j'adressai en mon propre nom, le 16 février 1822, à M. Becquey, alors directeur général des ponts-et-chaussées, copie de la lettre par laquelle M. le comte de Montalivet, l'un de ses prédécesseurs, m'avait chargé, le 11 avril 1809, de rédiger le projet du canal de Soissons suivant le tracé par Vierzy.

Je lui rendais compte des opérations qui avaient été faites depuis cette époque, et de celles qui restaient encore à faire; enfin je lui annonçais que la compagnie des canaux de Paris était disposée à avancer les dépenses de ces dernières; et comme elles devaient s'effectuer dans le département de l'Aisne, je priais M. Becquey de vouloir bien prévenir M. le préfet de ce département que j'étais chargé de les diriger, me réservant, de mon côté, de réclamer au besoin l'intervention de M. l'ingénieur en chef pour en accélérer l'achèvement.

Ma demande fut accueillie par M. le directeur général, qui m'en donna avis le 9 mars 1822.

La compagnie des canaux, à laquelle j'avais communiqué ma demande du 9 janvier et la réponse que M. Becquey m'avait faite le 9 mars, adressa dès le 23 à ce magistrat sa soumission d'exécuter le canal de jonction de l'Ourcq à l'Aisne, conformément à l'avant-projet qui en avait été rédigé en 1809. Elle l'informait en même temps que j'avais bien voulu me charger de sa rédaction définitive; que les opérations qui restaient à vérifier ou à entreprendre sur le terrain, étaient au moment d'être terminées, qu'elle en acquitterait bien volontiers la dépense; mais que, dans le cas où la concession du canal de jonction de l'Ourcq à l'Aisne ne lui serait pas adjugée, l'obligation de lui rembourser les frais dont elle consentait à faire les avances serait imposée par un article spécial de son traité, à la compagnie qui serait déclarée concessionnaire.

Les levés de plans, les nivellemens, les sondages et autres opérations relatives au canal de jonction de l'Ourcq à l'Aisne furent poussés avec une grande activité pendant l'année 1822. Mais on ne s'en tint pas là : La navigation était ouverte sur le canal de Saint-Quentin depuis 1818. Le prolongement du canal de Soissons, jusqu'à la rivière d'Oise, devait établir un jour la communication du canal de l'Ourcq à celui de Saint-Quentin, suivant les prévisions de Napoléon. On crut dès lors devoir compléter le projet tel qu'il l'avait conçu, et joindre à celui de la partie méridionale du canal de Soissons, celui de sa partie septentrionale dont l'étude approfondie n'avait point encore été faite. On consacra aux levés des plans, aux nivellemens et autres opérations que cette étude exigeait, les trois derniers mois de 1822. M. l'ingénieur des ponts-et-chaussées Henri, qui se trouvait alors en réserve, en fut chargé. Je prévins le 5 décembre de leur achèvement, la compagnie des canaux, qui, de son côté, s'empressa d'en donner avis à M. Becquey, en lui renouvelant, au sujet des avances qu'elle venait de faire pour le projet de jonction de l'Aisne à l'Oise, les mêmes observations qu'elle avait déjà faites à l'occasion de ses avances pour le projet de jonction de l'Ourcq à l'Aisne.

Il ne restait plus qu'à mettre en œuvre les divers documens qui avaient été recueillis par mes soins, ainsi que les résultats de toutes les opérations graphiques que j'avais dirigées depuis 1805. Je m'en occupai sans perdre de temps, et le projet général du canal de Soissons, destiné à ouvrir une communication directe, entre Paris, Rotterdam et Anvers, se trouvant complètement rédigé, j'en adressai toutes les pièces à la compagnie des canaux le 3 avril 1823. Elles se composaient:

1° D'un mémoire contenant la description de tous les ouvrages à construire depuis la rivière d'Ourcq jusqu'à l'Oise, ainsi que l'exposé des motifs d'après lesquels on avait déterminé les dimensions de ces ouvrages et le mode de leur construction.

2° D'une carte générale du territoire traversé par le canal entre ses deux extrémités, le Port aux Perches et Manicamp.

3° Du détail estimatif des dépenses à faire pour la construction d'une de ses écluses.

4° D'un plan en 4 feuilles, sur une grande échelle, de la branche méridionale du canal de Soissons.

5° D'une partie du plan de la partie septentrionale dressé sur la même échelle.

6° Du profil du terrain sur la 1re de ces branches, entre le port aux Perches et Soissons, indiquant la distribution des écluses que l'on proposait d'y construire.

7° Du profil et de la distribution des écluses sur la 2e branche, entre Soissons et Manicamp, ces deux parties du canal ayant ensemble 60 mille mètres de développement.

8° D'un profil transversal du canal exécuté en plaine.

9° D'une section transversale de ses deux parties souterraines sous les points culminans de *Vierzy* et des *trois Fontaines.*

10° Des plans et coupes des bateaux qui devront naviguer sur le canal de Soissons.

11° Des plans et coupes d'une écluse d'un mètre 3o centimètres de chute.

12° D'un dessin spécial et détaillé relatif aux bondes de cette écluse, destinées à établir la communication de deux biefs consécutifs du canal et des sas intermédiaires : moyen nouveau qui a été publié depuis, et qui fait partie de la collection lithographique consacrée à l'instruction des élèves de l'Ecole des ponts-et-chaussées.

13° Des plans et élévations d'un pont-canal à construire sur la rivière d'Oise.

14° Enfin des coupes longitudinales et transversales de ce pont.

La compagnie m'accusa réception de toutes ces pièces le 22 avril 1823.

« En considérant, dit-elle, tout ce qu'un projet de « cette étendue, si parfaitement traité dans tous ses « détails, si complet, et si satisfaisant dans son en- « semble, a dû coûter de travail et de soins, la com- « pagnie ne peut oublier, monsieur, dans quel inté- « rêt il a été conçu et se plaît à vous en exprimer « toute sa reconnaissance. »

Le projet du canal de Soissons, composés de diverses pièces qu'on vient d'énumérer, fut transmis le 7 mai, par la compagnie, à M. le directeur général des ponts-et-chaussées. Elle rappelle par sa lettre d'envoi que, dès l'année 1805, on avait considéré ce canal, comme le prolongement naturel de celui de l'Ourcq, et que cette idée, adoptée et émise par M. le directeur général lui-même, dans son rapport au roi, du mois d'août 1820, ne pouvait manquer d'appeler la plus sérieuse attention de la compagnie; qu'en conséquence, du moment où le canal de l'Ourcq s'est trouvé achevé, conformément au traité qu'elle a passé avec la ville de Paris en 1818, elle a cru acquérir de nouveaux droits à la bienveillance de l'administration publique, et se conformer à ses vues en s'occupant sans délai de l'utile entreprise du canal de Soissons.

Elle annonce que mon mémoire, joint aux pièces, motive toutes les dispositions du projet, qu'elle s'empresserait toutefois de fournir tels autres documens qui pourraient être jugés utiles à l'examen qu'elle priait M. le directeur général de vouloir bien ordonner, enfin que, si en résultat de cet examen, il jugeait le projet dont il s'agit digne de son approbation, elle ne balancerait pas à lui proposer d'en entreprendre l'exécution à *ses frais et risques* sous des conditions qui lui seraient soumises et dont la première serait *une concession à perpétuité dudit canal.*

Je crus devoir informer M. Becquey, le même jour 7 mai 1823, du travail auquel je m'étais livré depuis 1805, pour compléter celui que la compagnie mettait sous ses yeux.

Ce magistrat accusa, le 25 mai, tant à la compagnie, qu'à moi réception des diverses pièces du projet et de ma lettre particulière ; il annonçait en même temps l'intention d'accélérer l'examen qui lui était demandé.

En effet, M. le directeur général des ponts-et-chaussées les fit passer le même jour 25 mai, à M. le préfet de l'Aisne, en l'invitant à les renvoyer le plus promptement possible, avec son avis motivé sur l'utilité de l'entreprise.

M. le préfet de l'Aisne chargea en conséquence M. Blanvillain, ingénieur en chef de ce département, de lui faire un rapport à ce sujet.

Avant de se livrer à ce travail, M. l'ingénieur en chef m'exprima, par la lettre du 18 juin, le desir de reconnaître, sur le terrain, le tracé du canal de Soissons, et d'être accompagné, dans cette tournée, par une des personnes qui avaient été employées aux levés des plans, nivellemens, et autres opérations qui avaient servi de base à la rédaction de mon travail.

J'annonçai à cet ingénieur, le 22 juin, mon intention de l'accompagner moi-même. Nous passâmes plusieurs jours de la 1re quinzaine de juillet à parcourir le territoire que le canal de Soissons devait traverser, depuis le port aux Perches jusqu'à Manicamp.

Convaincu des avantages qu'on devait retirer du canal de Soissons, M. le préfet du département de l'Aisne avait déjà appelé l'attention du conseil général de ce département sur le projet de ce canal, et l'avait informée que la compagnie des canaux de

Paris offrait d'en entreprendre l'exécution, moyennant certaines concessions. Une commission chargée d'examiner les projets d'utilité publique, fit à ce sujet le 5 juin un rapport au conseil; considérant en outre que le canal en question ne serait pas seulement utile, sous le rapport de la navigation, mais encore sous celui du dessèchement des marais méridionaux du Laonnois, cette commission proposa d'émettre le vœu le plus ardent de voir bientôt un travail aussi important mis à exécution; proposition que le conseil général du département s'empressa d'accueillir.

Le général Foy, qui ne portait pas moins d'intérêt au succès de cette entreprise, voulut bien, par sa lettre du 15 juin 1823, me donner avis des dispositions que le préfet et le conseil général du département de l'Aisne venaient de manifester pour la seconder. Il m'annonçait en même temps l'intention de voir incessamment M. Becquey, et de faire valoir près de lui toutes les bonnes raisons qui devaient le déterminer à se prononcer en faveur du canal de Soissons. J'avais aussi été prévenu des bonnes dispositions des autorités locales, par M. de Violaines, propriétaire de la verrerie de Prémontré, avec lequel j'entretenais, à cette occasion, une correspondance plus ou moins active depuis 1822.

Au retour de la tournée que nous avions faite, au mois de juillet 1823, M. Blanvillain s'occupa du rapport que M. le préfet de l'Aisne lui avait demandé.

Malheureusement il ne put être terminé que le 6 décembre suivant.

Cet ingénieur commence ce rapport par l'exposé d'une suite de faits qui constatent l'utilité et la haute importance du canal de Soissons.

Il entre ensuite dans l'examen de son tracé, auquel il propose quelques légères modifications. Passant ensuite à la discussion du système de navigation suivant lequel il convient d'exécuter ce canal pour le rattacher à ceux de l'Ourcq et de Saint-Quentin, il apprécie avec beaucoup de justesse les nombreux avantages des écluses à petites chutes que j'avais proposé d'établir. Il évalue le volume d'eau nécessaire à l'entretien de la navigation, il indique d'après le projet, le nombre et la position des ponts à construire sur des routes royales ou départementales, et sur des chemins vicinaux ; il donne son avis sur le mode de concession du canal. Enfin M. Blanvillain termine son rapport par un projet de cahier de charges à imposer aux concessionnaires.

Ce rapport, visé par M. le préfet de l'Aisne, fut adressé à M. le directeur général des ponts-et-chaussées qui le renvoya, avec toutes les pièces, à M. l'inspecteur divisionnaire Roussigné.

L'avis de ce dernier, en date du 4 février 1824, porte que le canal de Soissons ne présentera pas seulement l'avantage de raccourcir des 2/5 les deux trajets que l'on fait actuellement de Soissons et de Manicamp à Paris par l'Aisne, l'Oise et la Seine ; mais

encore qu'il offrira le moyen de faciliter le dessèchement des vallées, au fond desquelles il sera établi.
Il adopte aussi la proposition de M. Blanvillain d'a-
baisser de 5 mètres le point de partage de Vierzy,
et de 7 mètres celui des trois Fontaines, afin de pouvoir y réunir un plus grand volume d'eau et de di-
minuer le nombre des écluses. Enfin, conformément
à l'opinion de cet ingénieur M. Roussigné admet que
les bateaux qui navigueront sur le canal de Soissons
devront avoir 2me 40 de large, mais il pense que
leur longueur devra être réduite à 20 mètres au
lieu de 34me que j'avais proposé de leur donner.

Admettant aussi les observations de M. Blanvillain sur le mode et le cahier de charges de la concession à intervenir, il propose l'approbation du
projet modifié comme il vient d'être dit.

Avant de le soumettre au conseil général des
ponts-et-chaussées, M. Becquey crut devoir deman-
der l'avis de la *commission spéciale* des canaux qu'il
avait formée, depuis quelque temps, d'une partie
des membres de ce conseil.

Cette commission, au lieu de traiter au fond la
question qui lui était soumise, se borna à présenter
quelques observations préjudicielles, qu'elle regar-
dait comme très importantes.

Elle observait : 1° que l'emplacement du port qui
devait terminer le canal de Soissons, à son embouchure dans l'Ourcq, était alors (*en avril* 1824) l'objet d'un litige entre S. A. R. Mgr. le duc d'Orléans

et la ville de Paris, et que la compagnie qui demandait la concession de ce canal ne pourrait établir ce
port que du consentement de celle des deux parties
contendantes qui resterait propriétaire de l'emplacement dont il s'agit, en vertu d'un jugement ou
d'une transaction amiable.

2° Qu'une partie du canal projeté se trouvant
dans la vallée où coule le ruisseau de Savières, et
que ce ruisseau servant au flottage d'une partie des
bois de la forêt de Villers-Cotterets qui appartient
à Mgr. le duc d'Orléans, ce prince se trouvait en
mesure d'opposer au projet de la compagnie une
possession qui ne pouvait être troublée que moyennant convention et indemnité préalables.

3° Que le ruisseau de Morambeuf, destiné à alimenter, au moins en partie, le bief de partage de Vierzy,
jetterait dans le bassin de l'Aisne un certain volume de ses eaux, qui destiné naturellement à grossir celui de la rivière d'Ourcq se trouverait ainsi
perdu pour la capitale; et que son administration
pourrait bien ne consentir à cet abandon qu'au prix
d'une indemnité quelconque.

4° Que l'approvisionnement des eaux nécessaires
à l'entretien de la navigation sur les deux branches
du canal de Soissons ne paraissait pas suffisamment
assuré par les jauges dont l'auteur du projet avait
produit les résultats, qu'en conséquence la commission ne pouvait émettre aucune opinion sur ce point.

Elle reconnaissait toutefois l'utilité du canal de

Soissons, mais elle ajoutait que cette communication navigable étant à celle qui a lieu par l'Aisne, l'Oise et la Seine, ce qu'une route départementale est à une route royale, le gouvernement ne devait en autoriser l'établissement qu'autant qu'il n'aurait à faire aucun sacrifice d'argent, et dans le cas seulement où une compagnie se chargerait d'exécuter les travaux projetés à ses frais, risques et périls, ainsi que d'acquitter toutes les dépenses accessoires qui résulteraient de leur confection. Ce serait même ici l'occasion, disait-elle, de consentir une concession perpétuelle ou emphythéotique et de faire tomber les rabais du concours sur les droits du tarif, plutôt que sur le nombre des années de jouissance.

Enfin la commission pensait que l'administration ne pouvait approuver aucun projet ni arrêter les bases d'une concession quelconque avant que la compagnie n'eût pris en considération les observations ci-dessus énoncées, et n'eût fait connaître à M. le directeur général les réponses qu'elle croirait pouvoir y faire, avec les conditions auxquelles elle entendrait se soumettre.

Cet avis de la commission et toutes les pièces du projet ayant été renvoyés au conseil général des ponts-et-chaussées, je fus prévenu qu'on s'y occuperait de cette affaire, le samedi 24 avril 1824; mais l'abondance de celles qu'on y traita obligea de remettre la discussion sur le canal de Soissons au mardi suivant, 27 du même mois.

M. l'inspecteur divisionnaire Roussigné y donna lecture de son rapport du 14 février.

J'y lus moi-même des observations additionnelles au mémoire dans lequel, deux ans auparavant, j'avais développé le projet du canal de Soissons.

J'adoptais l'abaissement des deux biefs de partage de *Vierzy et des trois Fontaines* ; abaissement qui permettrait la suppression de 8 écluses, sur la branche méridionale du canal de Soissons et de 10 sur sa branche septentrionale.

Il importait surtout de démontrer que l'on pourrait réunir dans les deux biefs de partage, un volume d'eau suffisant à l'entretien de la navigation quelque activité qu'on lui donnât.

J'annonçais donc, quant au bief culminant de Vierzy que, défalcation faite des pertes d'eau provenant des filtrations et de l'évaporation, il recevrait 6,720 m. cubes d'eau par jour, à quoi viendrait s'ajouter le volume des affluens de l'Ourcq et de l'Aisne.

Je faisais voir, d'après les dimensions des écluses que le volume disponible, pendant la saison des sécheresses suffirait pour le passage de 45 bateaux par jour du port de 70 tonneaux chacun; c'est-à-dire d'un total de 3,150 tonneaux. De sorte qu'en réduisant à 300 seulement par année, le nombre de jours pendant lesquels la navigation serait praticable, il pourrait passer annuellement sur la branche méridionale du canal de Soissons 945,000 tonneaux de marchandises.

Or , le nombre total des bateaux qui étaient arrivés à Paris de la basse Seine et de ses affluens de 1816 à 1821 inclusivement, avait été de 3,579 ou de 596, par année moyenne ; et, en choisissant dans le cours de cette période l'année 1817, pendant laquelle la navigation fut la plus active, on trouve que le nombre de bateaux de la basse Seine et de ses affluens qui remontèrent à Paris fut de 719.

Si donc on suppose les 719 bateaux de 400 tonneaux chacun, ce qui est sans doute bien au-dessus de leur tonnage effectif, ils auraient importé à Paris, dans le cours de cette année , 287,600 tonneaux de marchandises et denrées quelconques.

Maintenant que l'on double la masse de cette importation, elle s'élevera à 575,000 tonneaux, *maximum* qu'elle n'atteindra probablement jamais; et, comme le volume d'eau qui alimenterait la branche méridionale du canal de Soissons pourrait , ainsi qu'on vient de le voir, y entretenir une circulation annuelle de 945,000 tonneaux, il reste démontré que le volume d'eau dont on pourra disposer, au bief de partage de Vierzy , sera bien plus considérable qu'il ne faut , pour assurer la navigation sur la branche méridionale du canal de Soissons.

Quant à sa branche septentrionale, l'établissement des moulins de Margival et de Vauxaillon, situés de part et d'autre et immédiatement au dessous du point culminant *des Trois-Fontaines* fournissait la preuve que les cours d'eau qui les font mouvoir, et à

l'aide desquels on pourrait alimenter le bief de partage
de cette seconde branche suffirait pour y entretenir
une navigation aussi active que sur la première,
quoique ses besoins fussent évidemment moindres.

Je traitais dans ce mémoire la question des dimensions convenables aux bateaux qui navigueraient
sur le canal projeté; je m'appuyais, pour justifier
celles que j'avais proposé de leur donner, de l'exemple de ceux dont on fait usage sur les canaux d'Angleterre et notamment sur celui appelé le *grand
Trunk*, où les bateaux ont 80 pieds de long sur 6
pieds de large. Je rappelais tous les avantages ré-
sultant de la réduction des chutes d'écluses, sous
le double rapport de la dépense d'eau et de la dépense d'argent qu'entraîne leur construction.

Enfin, voulant convaincre le conseil, de la pos-
sibilité d'obtenir une économie notable dans l'exécution de ces ouvrages, je faisais voir que le prix
d'établissement d'une écluse de chute donnée était
en Angleterre, au moins des 5/9 et souvent des 3/4
au-dessous de son prix d'établissement en France.

Je concluais naturellement de cette comparaison
que nos procédés de construction n'étaient pas tellement parfaits qu'on dût renoncer à les améliorer
par l'adoption de procédés nouveaux ; qu'enfin, si
par quelques causes que ce fût, nos voisins avaient
sur nous l'avantage de construire les écluses de leurs
canaux, à beaucoup meilleur marché que nous, la
recherche de ces causes méritait, peut-être, au-

tant que tout autre objet, d'occuper l'attention du conseil.

Quoique je me fusse borné à appuyer les diverses propositions énoncées dans mon mémoire sur l'expérience, et des faits bien notoires, quelques personnes n'y virent que le développement d'une théorie dont la discussion leur paraissait étrangère aux attributions du conseil.

Il fut décidé, en conséquence, qu'il s'abstiendrait de prononcer immédiatement sur les propositions dont il s'agit, et qu'elles seraient renvoyées à l'examen d'une commission qui avait été chargée, dès l'année 1820, d'examiner le travail que j'avais publié à cette époque, *sur les canaux de navigation considérés sous le rapport de la chute et de la distribution de leurs écluses.*

Malheureusement cette commission dont plusieurs membres n'existaient plus, ou résidaient loin de Paris, n'a jusqu'à présent fait de rapport ni sur l'un ni sur l'autre mémoire.

Le conseil s'étant ainsi refusé, sous prétexte d'incompétence, à se livrer à la discussion de questions d'art dont l'étude eût peut-être exigé plus de temps que ne pouvaient lui en consacrer la plupart de ses membres, se contenta, dans sa séance du 27 avril, d'adopter purement et simplement l'avis de la commission des canaux, tel qu'il avait été rédigé par le secrétaire de cette commission; et, comme cet ingénieur était en même temps secrétaire du conseil général des ponts-et-chaussées ses fonctions de rédacteur se trouvèrent dans cette conjoncture, et par l'effet de sa double attribution, singulièrement simplifiées.

Aussi, M. Becquey adopta-t-il, sans lui faire subir la moindre modification, l'avis de la commission des canaux, fortifié de l'assentiment du conseil des ponts-et chaussées. Il est transcrit textuellement dans sa lettre du 24 mai 1824, par laquelle il prévient de sa détermination, M. Vassal l'un des membres de la compagnie de canaux de Paris.

Il importe cependant de faire remarquer ici que, depuis plus d'un mois, les contestations qui s'étaient élevées entre Mgr. le duc d'Orléans, et la ville de Paris, à l'occasion de la prise des eaux de l'Ourcq, et de la propriété de l'ancienne rivière, depuis Mareuil jusqu'au port aux Perches se trouvaient éteintes par une transaction du 24 avril 1824 laquelle mettait la ville de Paris aux droits de S. A. R.; 2° que cette ville avait fait cession de ses droits à la compagnie des canaux, pour l'indemniser des torts qu'elle avait soufferts par suite de ces contestations. Elles avaient fait trop de bruit dans les bureaux de la direction générale des ponts-et-chaussées, pour qu'il fût permis de croire que le chef de cette administration en ignorât l'issue. Les deux questions préjudicielles posées par la commission des canaux étaient donc maintenant résolues et ne pouvaient servir de base à quelque objection sérieuse contre l'établissement du canal de Soissons. On doit par conséquent s'étonner que M. Becquey les ait rappelées comme méritant encore d'être prises en considération.

On peut en dire autant de l'objection tirée de l'insuffisance des eaux nécessaires à l'alimentation des deux biefs de partage, de *Vierzy* et des *Trois-Fontaines*. Le mémoire dont j'avais donné lecture dans la séance du conseil du 27 avril, avait spécialement pour but de démontrer que, dans l'hypothèse d'une navigation parvenue à son *maximum* d'activité, les deux branches du canal de Soissons ne manqueraient jamais du volume d'eau nécessaire; que, si l'on jugeait à propos d'en apporter d'autres preuves, en confirmation de celles que j'en avais données, rien n'était plus simple que d'ordonner un nouveau jaugeage des ruisseaux qui approvisionneraient les deux réservoirs de partage.

Tout en adoptant l'avis de la commission des canaux, lequel, ainsi qu'on l'a vu, s'était réduit à élever des objections préjudicielles, anéanties pour toujours par la transaction du 4 avril 1824, M. le directeur général convenait de l'utilité du canal projeté, et déclarait que : « dans le cas même où le gouver-
« nement serait disposé à faire, un jour, quelques
« sacrifices pour améliorer la navigation de l'Aisne,
« de l'Oise et de la Seine, on n'en devrait pas moins
« encourager une communication supplémentaire
« plus courte, et dont l'existence ne pouvait qu'être

« favorable au commerce et aux consommateurs; »
mais il ajoutait, et en cela il se conformait encore
à l'avis de la commission des canaux, que : « cette
« communication étant à celle qu'on a déjà par
« l'Aisne, l'Oise et la Seine, ce qu'une route dépar-
« tementale est à une route royale, le gouverne-
« ment ne devait en autoriser l'ouverture, que
« *dans le cas seulement où une compagnie se char-*
« *gerait d'en exécuter les travaux à ses frais,*
« *risques et périls.* »

S'appuyant sur ces considérations, il annonçait
que l'administration n'approuverait aucun projet,
et n'arrêterait les bases d'aucune concession, qu'a-
près que la compagnie lui aurait fait connaître, et
ses réponses aux observations qu'il lui transmet-
tait, et les conditions auxquelles elle entendrait se
soumettre. M. le directeur général terminait sa
lettre à la compagnie des canaux, en lui annon-
çant le renvoi de toutes les pièces relatives au canal
de Soissons, *à l'exception toutefois du mémoire que*
j'avais rédigé, et qu'il exprimait le desir de con-
server dans les archives de son administration.

Cette décision de M. le directeur général des
ponts-et-chaussées, mettait la compagnie des canaux
de Paris dans la nécessité, ou d'exécuter seule, à
ses frais et risques, le canal de Soissons, ou de former, s'il était possible, dans les départemens inté-
ressés à l'ouverture de ce canal, une association de
propriétaires et de capitalistes, dont elle-même

ferait partie, et qui l'entreprendrait aux conditions prescrites. On pensait avec raison qu'en con-
fiant à l'intérêt privé, l'exécution d'un grand travail
d'utilité publique, on obtiendrait des garanties de
succès que le mode suivi jusqu'à présent, n'a pas
toujours offertes. C'était d'ailleurs rentrer dans les
vues que l'auteur du rapport fait au roi, en 1820,
sur la navigation intérieure de la France, avait
amplement développées. L'économie, dans les diverses constructions hydrauliques qu'on aurait à
exécuter ne pouvait manquer de fournir un exemple utile, dont le gouvernement serait le premier
à profiter. Enfin, on ne pouvait douter qu'il n'ac-
cueillît avec faveur les propositions d'une réunion de
propriétaires et de capitalistes justement considérés
dans leurs départemens, quand ils offriraient d'ouvrir à leurs dépens, moyennant les avantages qui
leur seraient concédés, une nouvelle voie navigable,
c'est-à-dire, en d'autres termes, quand ils offriraient
de lier l'accroissement de leurs fortunes particulières
à l'extension de la prospérité publique.

La compagnie des canaux de Paris partageait mes
convictions à cet égard. Il fut en conséquence résolu qu'un extrait de mon mémoire sur le canal de
Soissons, joint aux autres pièces du projet, serait
imprimé pour être distribué dans le département de
l'Aisne, et notamment aux membres du conseil général de ce département qui devait se réunir en
session au mois d'août 1824.

La décision de M. le directeur général des ponts-et-chaussées, qui posait les bases de la concession à faire du canal de Soissons, portait, comme on l'a vu plus haut, la date du 24 mai.

J'employai les deux mois suivans, tant à recueillir dans le pays les documens dont j'avais besoin pour asseoir l'évaluation des divers ouvrages qui seraient exécutés, qu'à rédiger le mémoire destiné à faire connaître l'ensemble du projet, sous le point de vue de son tracé, et des avantages qu'il présente, comme voie navigable, beaucoup plus courte que le développement des rivières qu'on est obligé de suivre aujourd'hui. J'indiquais les dimensions de sa section transversale, celles des bateaux qui y navigueraient, celles de ses écluses, et le nombre des ponts à établir au-dessus.

Je donnais l'estimation des terrassemens et des ouvrages d'art dont il vient d'être parlé, ainsi que l'évaluation approximative des droits de navigation et autres revenus qu'on retirerait de ce canal. Enfin j'indiquais l'ordre à suivre dans les divers travaux à entreprendre ; et le mode de concession qui me paraissait le plus propre à assurer les voies et moyens de parvenir à leur exécution.

La rédaction de ce mémoire se trouva terminée à la fin de juillet et l'impression en fut achevée le 17 août suivant.

Cependant la compagnie se montrait empressée d'entamer une négociation au succès de laquelle elle se croyait alors intéressée; elle fit en conséquence distribuer dans le département de l'Aisne, environ une centaine d'exemplaires de mon mémoire, immédiatement après sa publication. Aussi le projet du canal de Soissons était-il déjà parvenu à la connaissance des principaux propriétaires et habitans de ce département, lorsque j'arrivai à Laon le 21 août.

M. le préfet me présenta ce jour même au conseil général. Les avantages du projet dont il s'agit y furent discutés, et unanimement reconnus ainsi que le constate une délibération spéciale du 25 août, par laquelle, après avoir invité tous les propriétaires et manufacturiers du département de l'Aisne à verser des fonds, dans une entreprise qui leur serait essentiellement profitable, ce conseil émit le vœu le plus ardent d'en voir le plus tôt possible commencer les travaux.

J'avais, de mon côté, adressé des exemplaires de mon mémoire sur le canal de Soissons à S. A. R., Mgr. le duc d'Orléans, propriétaire de la forêt de Villers-Cotterets, dont les produits pouvaient être notablement accrus par la plus grande facilité d'en effectuer le transport. J'en avais également adressé au général Foy et aux autres députés du département de l'Aisne, aux divers Ministres, au directeur général des ponts et-chaussées, au préfet de la Seine, et à bon nombre de personnes compétentes en cette matière, fondé que j'étais à espérer que le jugement qu'ils en porteraient exercerait une influence utile sur l'opinion publique.

Mon mémoire fut également distribué aux autorités et aux plus notables habitans des départemens de la Marne et des Ardennes où ma tournée s'étendit.

M. le chevalier de La Noue, l'un des anciens régisseurs du canal du Centre, était alors maire de Soissons, et à ce double titre, il avait reconnu mieux que personne l'importance d'une communication navigable dont la ville qu'il administrait était destinée à devenir le centre. Aussi fut-il le premier à prendre un certain nombre d'actions dans l'entreprise. L'exemple qu'il donna, disposa si favorablement les esprits, qu'au commencement du mois de novembre, il ne s'agissait plus, pour mettre en activité une réunion de souscripteurs, que de faire connaître, d'une manière plus précise qu'on ne l'avait fait jusqu'alors, l'objet du canal projeté, ses principaux ouvrages, les moyens à l'aide desquels on parviendrait à les exécuter, et les conditions fondamentales de la souscription, qu'on allait ouvrir.

Dans cet état de choses, la compagnie des canaux de Paris écrivit, le 12 novembre 1824, à M. le maire de Soissons, « qu'en se constituant la pre-
« mière en avance, pour la rédaction du projet du
« canal de Soissons, elle avait déjà suffisamment
« prouvé l'intérêt qu'elle prenait à sa confection;
« qu'elle y contribuerait tant de ses fonds comme
« actionnaire, qu'en aidant la nouvelle entreprise

« de tous ses moyens de crédit, et d'influence au-
« près du gouvernement et des capitalistes de Paris
« et encore en la faisant participer dans une juste
« mesure et des limites convenables à l'accroisse-
« ment des produits que devrait amener au canal de
« l'Ourcq, sa liaison avec ceux des Ardennes et de
« Saint-Quentin par un canal intermédiaire, appelé
« lui-même à recueillir les profits d'une route plus
« courte, pour le débouché sur Paris des provenan-
« ces de l'Aisne, des Ardennes et du Nord, et qui
« ouvrirait une communication plus facile et plus
« sûre entre les quatre points cardinaux de la France.

« Ces propositions, ces considérations, et ces vues,
« ajoutait la compagnie dans sa lettre à M. de La
« Noue, seront, ainsi que vous en exprimez le desir,
« développées de notre part, dans la première assem-
« blée des souscripteurs, que nous sommes d'avis
« de réunir à Soissons, et qui pourrait être convo-
« quée pour les premiers jours de décembre.

« C'est là que se réaliseraient les soumissions et
« les engagemens que nous pourrions prendre;
« que se rédigeraient définitivement les statuts de
« l'association, et qu'on pourrait arrêter les condi-
« tions de la concession perpétuelle qui devra être
« demandée au gouvernement à l'ouverture de la
« première session des Chambres.

« Nous espérons, monsieur le maire, disait la
« compagnie des canaux de Paris, en terminant sa
« lettre, que ces explications vous donneront toute

« sécurité pour appeler des souscripteurs , et nous
« nous félicitons que la ville, administrée par vous,
« soit placée des premières pour recueillir les avan-
« tages d'une entreprise au succès de laquelle nous
« aimons à nous confier, puisque vous voulez bien
« y concourir avec tant de zèle. »

Cette lettre, qui contenait une espèce de déclaration de principes de la compagnie des canaux, contribua beaucoup à rendre plus promptes et plus ef-
ficaces les démarches de M. le chevalier de La Noue.
Mais quelle qu'en fût l'activité, il était impossible
de s'affranchir des délais indispensables, pour mettre en rapport entre eux un certain nombre de propriétaires, qui résidaient sur des points du département de l'Aisne plus ou moins éloignés de Soissons.

On pensa que le moyen le plus sûr d'abréger ce
délai consisterait à répandre dans ce département
une circulaire de M. le maire de cette ville , indiquant le but de l'entreprise et les avantages qu'elle
présentait. Cette circulaire fut en conséquence rédigée et expédiée par ses soins. Cependant les limites
qu'il avait dû se prescrire ne lui ayant pas permis de développer au gré de ceux avec lesquels
il entrait en correspondance, les détails suffisans
pour entraîner leur détermination, il crut devoir
inviter par une lettre du 4 décembre 1824 , la
compagnie des canaux à lui envoyer un certain
nombre d'exemplaires de mon mémoire qui seraient
déposés chez les notaires des différens chefs-lieux de

canton du département de l'Aisne, où chacun pourrait en prendre connaissance. Cet envoi fut effectué de suite.

Pendant que le nombre des souscripteurs s'accroissait par l'effet des démarches de M. le chevalier de La Noue, je travaillais de mon côté à introduire, dans l'association, plusieurs capitalistes de Paris qui, appréciant les avantages de l'entreprise, étaient d'avis que le moment était venu de naturaliser en France le mode suivi en Angleterre, d'abandonner à l'industrie particulière, l'exécution de semblables ouvrages, moyennant une concession à perpétuité des revenus qu'ils produiraient.

Les listes des souscripteurs furent publiées dans les journaux du département de l'Aisne, des 30 décembre 1824 et 13 janvier 1825.

Le prix de l'action avait été fixé à 1,000 fr. Le nombre des actions placées se trouvait au 20 janvier de 2,433 ce qui représentait en argent la somme de 2,433,000 fr., et, comme les dépenses à faire pour l'ouverture de la branche méridionale du canal de Soissons, entre l'Ourcq et la rivière d'Aisne, avaient été évaluées à 2,261,191 fr., on voit que les fonds offerts par les souscripteurs excédaient de 171,809 fr. le prix de cette évaluation. On aurait pu grossir cet excédant, en continuant d'en appeler de nouveaux. Mais il convenait, avant d'en accroître le nombre, de réunir ceux dont on avait reçu les engagemens, afin de discuter les articles du contrat à passer avec le gouvernement, et d'en rédiger le projet.

Ce fut dans cette vue que le M. maire de Soissons adressa le 20 janvier une seconde circulaire à tous les souscripteurs pour les inviter à se réunir, le 3o, dans une des salles de la maison commune de cette ville, où la matière serait mise en délibération. Les occupations habituelles des membres de la compagnie des canaux ne permettant à aucun d'eux d'assister à cette assemblée, cette compagnie chargea M. le chevalier de La Noue de vouloir bien l'y représenter en vertu d'une procuration spéciale que je fus moi-même chargé de lui remettre. J'avais aussi été invité par les différentes personnes qui, sur les renseignemens que je leur avais fournis, étaient entrées dans l'association projetée, de les représenter à l'assemblée générale des actionnaires.

Enfin M. Samuel Bernard, l'un de nos compagnons de voyage en Égypte, ancien sous-préfet de Rochefort et depuis directeur de l'hôtel des monnaies de La Rochelle, s'étant engagé pour un certain nombre d'actions, avait également reçu de plusieurs souscripteurs la mission de les représenter dans l'assemblée de Soissons. Nous nous y rendîmes ensemble.

Les conditions de la soumission qu'on devait adresser au ministre de l'intérieur, longuement débattues les 3o et 31 janvier 1825, ne furent définitivement arrêtées, à la majorité des suffrages, que le lendemain 1er février.

3.

On les stipula en 25 articles :

Les huit premiers sont relatifs aux charges que la compagnie offrait de s'imposer, tant pour l'exécution du canal et de toutes ses dépendances, que pour l'acquisition des terrains qu'il faudrait occuper. Ils fixaient le délai dans lequel les travaux seraient achevés, et l'obligation de les entretenir en bon état après leur achèvement. On y stipulait les réserves de la compagnie sur le choix des ingénieurs qu'elle emploierait, et sur la faculté d'employer tels procédés d'exécution des ouvrages qu'elle jugerait les meilleurs et les plus économiques.

Les art. 9, 10, 11 et 12 spécifient les avantages dont la compagnie demande la jouissance au gouvernement, pour l'indemniser des dépenses qu'elle s'oblige à faire.

Les plus notables de ces avantages sont : la perpétuité de la concession ; la remise des 2/5 de la plus-value que les terrains desséchés par le seul fait de l'ouverture du canal pourraient acquérir, et ce conformément à la loi du 16 septembre 1807.

On proposait d'y percevoir les droits de navigation, conformément au tarif arrêté pour le canal des Ardennes par la loi du 5 août 1821. On demandait : 1° le droit exclusif de construire des gares, et magasins le long des rives du canal ; 2° le maintien de sa contribution foncière, au même taux que celle des terrains adjacens ; 3° enfin la réduction au droit

fixe d'un franc, l'enregistrement de tous les actes
relatifs aux travaux et à l'administration du canal.

L'article 13 avait pour objet de régler les obligations respectives que l'assemblée jugeait propres à
garantir les intérêts de la compagnie qu'elle représentait, et ceux de la compagnie des canaux de Paris.
Cet article, l'un des plus importans de l'acte dont il
faisait partie, excita de longs débats, et comme nous
seront obligés d'y revenir, il convient de le rap-
porter ici textuellement.

« La compagnie des canaux de Paris, en raison
« des avantages que procurera le canal projeté à
« la ville de Paris, et aux concessionnaires du canal
« de l'Ourcq, concédera, suivant les vues indiquées
« dans sa délibération du 15 janvier 1825, à la
« compagnie du canal de Soissons, à partir du jour
« où ledit canal sera ouvert, en tout ou en partie,
« quelle qu'en soit d'ailleurs l'époque, jusqu'à con-
« currence de moitié du produit brut de la percep-
« tion réelle qu'elle levera pour droits de navigation
« auxquels seront assujétis, sur le canal de l'Ourcq,
« les bateaux et chargemens venant du canal de
« Soissons, ou s'y rendant, à l'effet de compléter
« l'intérêt à 6 pour 0/0 par an des sommes em-
« ployées à l'exécution de ce dernier canal.

« Ce supplément d'intérêt cessera d'être dû, pour
« l'avenir, lorsque le produit net et particulier du
« canal de Soissons constaté par les comptes ren-
« dus pendant cinq années consécutives aura donné

« un intérêt moyen de 6 pour 0/0 par an desdites
« sommes.

« Et néanmoins la compagnie des canaux de Paris
« continuera de payer la même subvention jusqu'à
« extinction du déficit qu'aurait éprouvé le service
« de l'intérêt à 6 pour 0/0, pendant les années an-
« térieures par l'insuffisance de cette subvention
« jointe aux produits spéciaux du canal de Sois-
« sons. »

Les articles suivans déterminent la quotité du
fonds social et le lieu du domicile de la Société; ils
définissent les obligations des actionnaires pour les
versemens successifs du montant de leurs actions, ainsi
que les cas de déchéance qu'ils pourraient encourir;
ils règlent le taux de l'intérêt que produiront les por-
tions d'actions versées, et le *maximum* de la somme
à laquelle pourront s'élever les emprunts auxquels la
Société serait obligée de recourir, si le fonds social
se trouvait épuisé avant l'achèvement des travaux.
Ils règlent enfin le mode de répartition des divi-
dendes et la retenue qu'ils supporteraient pour former un fonds de réserve.

Les articles 19, 20, 21, 22, 23 et 24 stipulent
que les intérêts de la Société seront gérés par un
conseil d'administration composé de 21 membres,
qui seront nommés en assemblée générale, et dont
chacun devra être propriétaire de 10 actions au
moins. Ils énumèrent les attributions du conseil
d'administration, et portent que ses délibérations

devront être consignées dans un registre **dont un** double sera déposé à la mairie de Soissons, où les actionnaires et les autorités pourront en prendre connaissance. Ils fixent au 15 avril de chaque année, l'époque à laquelle se tiendra l'assemblée général des souscripteurs ; ils indiquent les principaux objets dont cette assemblée devra s'occuper, les cas particuliers où elle pourra être convoquée à d'autres époques de l'année, et sous quelles conditions un actionnaire pourra s'y faire représenter.

L'article 25 et dernier porte que les contestations qui pourraient s'élever touchant l'exécution et l'interprétation de l'acte de concession seront jugées administrativement par le conseil de préfecture, du département de l'Aisne, sauf le recours au Conseil d'Etat.

Avant de se séparer, l'assemblée générale des souscripteurs nomma au scrutin un conseil d'administration provisoire, et désigna, pour en faire partie, M. Héricart de Thury, conseiller d'Etat, directeur des travaux publics de Paris, M. Moreau, l'un des censeurs de la Banque de France, M. Vassal, membre de la compagnie des canaux, M. le comte Gueneheuc, propriétaire, M. Charles Renouard avocat, M. Samuel Bernard, et moi.

Les membres du conseil d'administration provisoire dont on vient de rappeler les noms, résidaient habituellement à Paris, et avaient reçu la mission spéciale d'entrer en conférence avec la compagnie des canaux, sur le projet de soumission qui avait été adopté à Soissons.

Une première assemblée se tint à cet effet, le 6 février 1825, chez M. Héricart de Thury; on y donna lecture de ce projet de soumission et des statuts de la Société. L'art. 13 de ses statuts imposait, comme on l'a vu, à la compagnie des canaux de Paris, la charge de garantir à la compagnie du canal de Soissons, l'intérêt à 6 pour o/o du montant des dépenses que l'exécution de ce canal aurait occasionées, jusqu'au moment où ses produits annuels équivaudraient au même intérêt. La compagnie du canal de Soissons restait d'ailleurs chargée de l'exécution de cet ouvrage, ainsi que d'acquitter toutes les charges de son administration.

On avait représenté, dans l'assemblée de Soissons du 30 janvier, que cette disposition établissait entre cette dernière compagnie et celle des canaux de Paris, les relations d'un prêteur à un emprunteur, et qu'à ces titres, celle-ci prenait sur elle toutes les chances de bons et de mauvais succès, tandis que celle-là ne s'exposait à aucun risque.

Mais on avait répondu qu'en admettant cette supposition, les charges annuelles de la compagnie du canal de Soissons réduiraient d'une somme égale le montant de l'intérêt à 6 pour o/o, moyennant lequel elle offrait de faire l'avance de ses fonds.

Beaucoup d'actionnaires ajoutèrent même, comme une réponse péremptoire, que la compagnie du canal de l'Ourcq percevrait sur 110 mille mètres de longueur, c'est-à-dire sur 22 distances, les droits de navigation auxquels seraient assujétis les bateaux qui descendraient de la rivière d'Aisne ou qui y remonteraient par la branche méridionale du canal de Soissons, dont la longueur était au plus de 30 mille mètres ou de six distances; qu'ainsi les droits de navigation perçus sur ces bateaux, produiraient, aux concessionnaires du canal de l'Ourcq, un revenu à-peu-près quadruple de celui que les droits de navigation perçus sur le canal de Soissons produiraient à ses concessionnaires, et cela, sans que la compagnie des canaux de Paris eût la moindre dépense à faire; tandis que la compagnie du canal de Soissons devrait ouvrir celui-ci entièrement à ses frais. On ajoutait encore, et cette remarque, bien qu'étrangère à la question, ne laissa pas d'exercer une grande influence sur l'opinion de beaucoup de sociétaires, que la ville de Paris avait fourni les fonds nécessaires à l'exécution du canal de l'Ourcq, et que cette subvention rendant purement gratuite la concession faite de ce.canal à la compagnie qui en jouissait, devait rendre celle-ci beaucoup plus facile dans les concessions qu'elle-même devait faire à la compagnie du canal de Soissons, ce dont elle avait d'ailleurs semblé reconnaître l'équité par sa délibération du 15 janvier 1825.

Il ne s'agissait, comme on voit, que de s'entendre sur le mode et l'étendue des obligations qui lieraient les deux compagnies.

Il fut en conséquence résolu par les administra-
teurs provisoires que, pendant les mois de février
et de mars, il serait tenu une conférence par semaine,
chez M. Héricart de Thury ; ces conférences heb-
domadaires eurent lieu, et l'on y débattit, sur diverses bases, les concessions que les actionnaires
du canal de Soissons pouvaient équitablement réclamer de la compagnie du canal de l'Ourcq.

Enfin, la proposition suivante, paraissant concilier tous les intérêts, fut provisoirement accueillie,
et rédigée en ces termes :

« La compagnie des canaux de Paris, s'engage
« à céder, pour toute la durée de la concession dont
« elle jouit en vertu du traité passé le 19 avril
« 1818, à l'association qui sera formée, pour l'exé-
« cution du canal de Soissons : La jouissance des
« droits de navigation à percevoir sur les bateaux
« provenant dudit canal ou s'y rendant, dans la tra-
« versée qu'ils auront à parcourir sur la rivière
« d'Ourcq, à partir de leur sortie du canal de Sois-
« sons, jusqu'à leur entrée dans la dérivation de
« cette rivière immédiatement au-dessous du moulin
« de Mareuil, et *vice versa*.

« La perception desdits droits, comme apparte-
« nant à la compagnie du canal de Soissons, aura
« lieu par les soins et aux frais de ladite com-
« pagnie.

« Les dépenses d'entretien et de réparations de la
« rivière d'Ourcq dans le trajet ci-dessus limité,

« seront à la charge des deux compagnies, et sup-
« portées par elles dans la proportion d'un tiers par
« la compagnie du canal de Soissons, et des deux
« tiers par la compagnie du canal de l'Ourcq.

« Pour éviter toute discussion de comptes à faire
« ou à rendre, entre les deux compagnies, relati-
« vement à ces dépenses, il est convenu :

« Que les travaux de simple entretien seront exé-
« cutés à forfait, par abonnement annuel, et sur
« adjudication publique, avec le concours des deux
« compagnies;

« Que les ouvrages et travaux d'amélioration ou
« de grosses réparations ne pourront être entrepris
« sans que la nécessité ou l'utilité en aient été préa-
« lablement reconnues et constatées entre les deux
« compagnies; qu'ils seront exécutés, le cas échéant,
« par entreprise à forfait, et sur adjudication publi-
« que, sous l'assistance et avec le concours de l'une
« et l'autre compagnies, de même que les travaux
« de simple entretien.

« La compagnie du canal de l'Ourcq, dans tou-
« tes les dispositions qui pourront dépendre d'elle,
« et, comme chargée de la police de la rivière, ar-
« surera la libre navigation aux bateaux provenant
« du canal de Soissons ou s'y rendant; elle s'engage
« en outre à faire participer la compagnie du canal de
« Soissons à la jouissance, soit des chemins de ha-
« lage qui pourraient être établis le long de la ri-
« vière de l'Ourcq, soit de tous autres avantages

« ou facilités dont elle jouit pour sa propre navi-
« gation sur la rivière, ou qu'elle pourrait obtenir
« par la suite. »

Il restait à communiquer la proposition qu'on
vient de lire à l'assemblée générale des souscripteurs, convoquée extraordinairement à Soissons.
M. le maire de cette ville, leur adressa en conséquence, le 30 mars 1825, une circulaire qui ajournait
leur réunion au 11 avril suivant.

La compagnie des canaux me pria, par sa lettre
du 9 avril, de vouloir bien la représenter dans
cette assemblée.

Après avoir rendu compte aux souscripteurs de
ce qui s'était passé dans les conférences tenues à
Paris, et des discussions qui avaient déterminé la
majorité des membres de l'administration provisoire
du canal de Soissons à accepter l'abandon que la
compagnie de l'Ourcq offrait de leur faire des droits
de navigation et autres revenus dont la jouissance
lui était accordée entre le Port-aux-Perches et Mareuil, en vertu de la transaction du 4 avril 1824,
on développa, en la motivant, la proposition qu'on
vient de lire, mais cette proposition n'excita pas
dans l'assemblée des débats moins vifs que ceux
qu'avait excités deux mois auparavant l'offre de la
compagnie des canaux consignée dans sa délibération du 19 janvier 1825.

On objectait surtout qu'il pouvait s'écouler beaucoup de temps, avant que les produits des droits de

navigation, perçus au profit de la compagnie du canal de Soissons sur 40 à 45 kilom., s'élevassent assez pour équivaloir à l'intérêt au taux de 6 p. 0/0 des fonds qu'elle aurait dépensés pour l'ouverture de la partie méridionale de ce canal; qu'en attendant on serait obligé de faire des emprunts pour le service de cet intérêt, que dans cet état de choses, et attendu que la compagnie du canal de l'Ourcq jouirait, sans bourse délier, et sur près de 100 kilomètres de longueur du bénéfice provenant des droits de navigation, auxquels les bateaux expédiés de Soissons ou qui y retourneraient seraient assujétis, il était de toute justice que cette dernière compagnie affranchît celle du canal de Soissons de l'obligation de contracter un emprunt, ce qui lui était facile, en acceptant l'art. 13 du projet de traité du 2 février.

Ce fut en vain que je rappelai la rapidité avec laquelle le montant des droits de navigation sur le canal de Saint-Quentin s'était accru depuis que la navigation y avait été ouverte. On s'était assuré en effet, à la direction générale des droits réunis, que le produit de ces droits, qui n'avait été que de 160,465 francs en 1816, première année de la mise en activité du canal, s'était élevé à 324,412 francs en 1822, c'est-à-dire cinq ans après; qu'on était fondé à croire que les revenus du canal de Soissons s'accroîtraient progressivement, dans le même rapport, de sorte qu'en évaluant à 60,000 francs le pro-

duit de la première année, la compagnie du canal de
Soissons se trouverait libérée au bout de la quator-
zième de l'emprunt qu'elle aurait contracté, capitaux et intérêts compris.

On répondit que, si la compagnie des canaux de
Paris se trouvait, contre toute probabilité, dans
l'obligation de recourir à un emprunt, pour servir
le supplément d'intérêt à 6 pour o/o des dépenses
faites par la compagnie du canal de Soissons, elle
avait bien d'autres moyens de libération que celle-
ci ; qu'enfin , messieurs des canaux de Paris ne devaient pas oublier que, dans leur intérêt particulier,
il ne s'agissait de rien moins que de transformer le canal de l'Ourcq, qui n'est encore qu'une impasse,
en une voie navigable, entre la Manche et la mer
du Nord ; et que cette considération seule aurait dû
inciter cette compagnie à ouvrir celui de Soissons
de ses propres deniers, etc.

L'assemblée se montra inébranlable dans sa résolution de maintenir l'art. 13 de son projet de
traité du 2 février, et l'on se sépara sans pousser
la discussion plus loin.

Informée, à notre retour de Soissons, de la persé-
vérance avec laquelle les souscripteurs qui s'étaient
réunis dans cette ville avaient tenu au mode de subvention qu'ils se croyaient fondés à réclamer, la
compagnie des canaux de Paris déclara, par l'or-
gane de l'un de ses membres les plus influens, qu'elle
ne pouvait consentir à l'adoption de ce mode.

Ainsi la négociation se trouva rompue, et l'exécution du canal de Soissons ajournée indéfiniment.

Les produits toujours croissans des droits de navigation sur le canal de l'Ourcq, et l'achèvement du canal des Ardennes ont rappelé l'attention de plusieurs anciens actionnaires du canal de Soissons. L'*Argus* soissonnais, journal du département de l'Aisne, a rendu compte, dans quelques-uns de ses articles du mois de juillet 1832, des négociations qui avaient été entamées de 1824 à 1825, et du peu de succès qu'elles avaient eu, en exprimant le vif desir de les voir bientôt reprises sur d'autres bases.

De son côté la compagnie des canaux de Paris, revenant à des idées qu'elle avait émises dès le mois de juillet 1824, et qu'elle publia depuis, dans plusieurs articles du Journal du commerce, du mois de septembre suivant, les a fait valoir, avec succès, auprès de MM. les députés de l'Aisne, des Ardennes, de Seine-et-Marne, et ces MM., dans la séance du 4 juin 1833, ont appuyé la demande faite par l'honorable M. Vatout, député de la Côte-d'Or, « d'ouvrir au ministre du commerce un crédit de deux « millions pour concourir à l'achèvement du canal « de jonction de l'Ourcq à l'Aisne, depuis la Ferté-« Milon jusqu'à Soissons.

« De procéder à l'adjudication de ce canal avec pu-« blicité et concurrence et au rabais de ladite somme « de deux millions. »

Cette demande, présentée en forme d'amendement

au projet de loi qui accordait un crédit extraordi-
naire de 100 millions au ministre du commerce et
des travaux publics, pour l'achèvement de grands
ouvrages en cours d'exécution, ayant été rejetée par
la Chambre, l'ouverture du canal de Soissons est encore ajournée, au détriment de la France entière,
des départemens qu'il doit traverser, de la ville de
Paris, et provisoirement de la compagnie du canal
de l'Ourcq que cette ville a substituée à ses droits.

Je viens, monsieur et honorable député, d'entrer
dans de bien longs détails; mais il m'importait de
vous convaincre :

1° Que je suis l'auteur et le rédacteur du projet
de canal de la Ferté-Milon à Soissons, et de l'Aisne
à la rivière d'Oise;

2° Qu'après en avoir fait une étude approfondie,
depuis 1805 jusqu'en 1823, j'en ai remis toutes les
pièces signées de moi à la compagnie des canaux
de Paris ;

3° Qu'elle les a adressées de suite à M. Becquey,
qui était alors directeur général des ponts-et-chaussées, en lui faisant observer que, si elle avait consenti à avancer les fonds nécessaires à la levée d'une
partie des plans, au tracé du canal, aux nivellemens et sondages des terrains, opération dont elle
lui présentait les résultats, il était de toute justice
d'imposer à toute autre compagnie qui serait dé-

clarée concessionnaire, l'obligation de rembourser à celle des canaux de Paris, le montant des dépenses que ces opérations auraient occasionées;

4° Que toutes les pièces du projet furent renvoyées par M. le directeur général à l'examen de M. le préfet de l'Aisne;

5° Qu'elles ont été l'objet de rapports spéciaux tant de M. l'ingénieur en chef que de M. l'inspecteur divisionnaire de ce département;

6° Que le projet du canal de Soissons, sur lequel la commission permanente *dite des Canaux* avait été chargée de donner un avis préalable, fut enfin renvoyé au conseil général des ponts-et-chaussées pour y être discuté;

7° Que cette discussion s'y ouvrit le 27 avril 1824, et qu'étant l'unique auteur du projet, je fus appelé à la soutenir;

8° Que M. le directeur général, tout en reconnaissant l'importance et l'utilité du canal projeté, ainsi qu'il l'avait déjà fait dans son rapport au roi du mois d'août 1820, décida que le gouvernement n'en autoriserait l'ouverture que dans le cas seulement où une compagnie se chargerait de l'exécuter à ses frais, risques et périls;

9° Que, par l'effet de cette décision, la compagnie perdit, pour l'instant, toute espérance de voir le gouvernement coopérer par une subvention quelconque en argent, à l'exécution du canal de Soissons;

10° Qu'en conséquence, et sur ma proposition, elle entreprit de former, dans le département de l'Aisne et autres départemens limitrophes, une compagnie de propriétaires fonciers, d'industriels, et de capitalistes, auxquels elle s'adjoindrait dans le but d'exécuter le canal de Soissons, à leurs frais, risques et périls communs ;

11° Qu'il importait d'obtenir au plus tôt, du conseil général du département de l'Aisne, un assentiment qui contribuerait à accroître le nombre des souscripteurs ;

12° Qu'à cet effet, je fus invité par la compagnie des canaux à publier sans délai un extrait du mémoire détaillé qui faisait partie des pièces composant le projet du canal de Soissons, afin de pouvoir distribuer cet extrait aux membres du conseil du département de l'Aisne dont la session devait s'ouvrir au mois d'août 1824;

13° Que cette distribution s'effectua utilement, puisque par sa délibération du 25 août, le conseil général du département de l'Aisne, après avoir rappelé les nombreux avantages de l'entreprise dont il s'agit, invita tous les capitalistes , les propriétaires , et les manufacturiers à s'y intéresser;

14° Qu'indépendamment de cette invitation officielle, M. le chevalier de La Noue, maire de Soissons, contribua, pour beaucoup, par ses soins et ses démarches à accroître le nombre des souscripteurs;

que nous y contribuâmes également à Paris M. Samuel Bernard et moi;

15 Qu'à la fin de janvier 1825, le montant total des actions pour lesquelles on avait souscrit s'élevait à 2,433,000 francs, y compris les 500 actions que la compagnie des canaux de Paris s'était engagée à prendre pour son compte;

16° Que la réunion générale de tous les actionnaires fut fixée au 30 janvier, dans l'une des salles de la maison commune de Soissons sous la présidence de M. le maire de cette ville;

17° Que M. le chevalier de La Noue, chargé des pouvoirs de la compagnie des canaux de Paris, en vertu d'une procuration spéciale, y donna lecture de cette procuration, ainsi que d'une délibération du 15 janvier par laquelle eette compagnie offrait à l'association du canal de Soissons, de lui abandonner temporairement le quart du montant des droits qu'elle percevrait sur les bateaux venant de l'Aisne ou s'y rendant, et ce, jusqu'à ce que ce montant, ajouté aux droits du canal de Soissons proprement dit, équivalût à l'intérêt, au taux de 6 pour 0⁄0, des sommes dépensées pour l'exécution de ce canal;

18° Qu'après des débats qui se prolongèrent jusqu'au 1ᵉʳ février, l'offre que faisait la compagnie des canaux de Paris fut rejetée à la majorité des suffrages;

19° Qu'il fut décidé à la même majorité, qu'en remplacement de cette offre, il serait inséré dans la soumission concertée entre cette compagnie et celle du canal de Soissons, un article portant qu'à dater du jour où la navigation serait ouverte sur ce dernier canal, il serait payé par la compagnie des canaux de Paris, à celle du canal de Soissons, une somme suffisante, pour élever jusqu'à 6 pour o/o l'intérêt annuel des dépenses qui auraient été faites par celle-ci;

20° Que cette subvention annuelle cesserait, dès que les produits des droits de navigation, sur le canal de Soissons, produiraient un revenu net, équivalent à 6 pour o/o des capitaux employés à sa confection;

21° Qu'au moment de se séparer, l'assemblée générale des actionnaires nomma une commission de 21 membres chargés de la représenter, et de poursuivre le maintien de ses intérêts devant qui de droit;

22° Que parmi les membres de cette commission administrative furent désignés : M. le vicomte Héricart de Thury, conseiller d'état, directeur des travaux publics de Paris, M. Moreau l'un des censeurs de la Banque de France, M. Vassal, banquier, membre et fondé de pouvoirs de la compagnie des canaux, MM. Samuel Bernard propriétaire, Chauvet administrateur des forêts, Destors propriétaire, Charles Renouard avocat, le comte Gueneheuc ancien sénateur, et moi, à l'effet de s'entendre avec la compagnie des canaux de Paris, et de discuter, avec elle, les motifs qui pouvaient l'amener soit à adhérer à la proposition de la compagnie du canal de Soissons, soit à la rejeter;

23° Que cette discussion eut lieu dans plusieurs

séances qui se tinrent en février et mars chez M. Héricart de Thury ;

24° Qu'en résultat de cette discussion, la compagnie, renonçant à sa première proposition, offrit de substituer à l'article 13 du projet de soumission, maintenant objet du débat, un article qui stipulerait l'abandon qu'elle consentirait à faire, sous certaines conditions, des droits de navigation qu'elle était autorisée à percevoir, entre le Port-aux-Perches et le bief inférieur du moulin de Mareuil ;

25° Que cette proposition obtint l'assentiment unanime des délégués de la commission administrative provisoire du canal de Soissons ;

26° Que cette résolution adoptée, je fus invité par la compagnie des canaux de Paris, le 9 avril 1825 à accepter ses pouvoirs et à me rendre à l'assemblée générale des souscripteurs, qui avait été fixée à Soissons pour le surlendemain 11 avril ;

27° Que l'on exposa et que l'on développa amplement dans cette seconde assemblée générale de Soissons les motifs, d'après lesquels les délégués de la commission chargée de concilier, s'il était possible, les intérêts de la Société d'actionnaires du canal de Soissons, avec les intérêts de la compagnie des canaux, s'étaient déterminés à accueillir la nouvelle proposition de celle-ci.

28° Que sans égard à aucun de ces motifs, dont quelques-uns nous avaient paru péremptoires, la deuxième proposition de la compagnie des canaux de Paris, du mois d'avril 1825, n'en demeura pas moins, comme celle du 15 janvier, l'objet d'une opposition persévérante ;

29° Que la résolution de ne modifier en rien les termes de l'article 13 du projet de soumission fut déclarée immuable ;

30° Que cette déclaration faite, l'assemblée générale des actionnaires se sépara.

Je jugeai dès-lors inutile de prolonger mon séjour à Soissons et je revins de suite à Paris, où je trouvai la compagnie des canaux immuablement déterminée de son côté, à n'accepter, sous quelque condition que ce fût, l'insertion de l'art. 13 dont il s'agit, dans le projet de traité qu'on avait eu d'abord l'intention de présenter au gouvernement.

Ainsi fut rompue une négociation à laquelle je n'avais cessé de consacrer des soins assidus, dans l'intention d'en assurer l'heureuse issue, en conciliant convenablement l'intérêt public avec celui des deux compagnies des canaux de Paris, et du canal de Soissons.

Si vous avez eu, monsieur et honorable député, la patience de lire la longue relation qui précède, je suis fondé à croire qu'il ne vous reste maintenant aucun doute, sur la légitimité de la prétention que j'élève, non-seulement d'être le seul auteur du projet du canal de Soissons, mais encore le seul promoteur de son exécution.

Je n'ai garde toutefois de contester que la com-

pagnie des canaux de Paris a avancé les frais de la
levée du plan, et des nivellemens *d'une portion* du
territoire que le canal de Soissons doit traverser,
entre l'Aisne et la rivière d'Oise, ainsi que des sondages entrepris au point culminant de Vierzy ; j'ai
même été remboursé par elle de mes frais de voya-
ges, pour l'inspection de ces opérations pendant
qu'elles étaient en activité. Mais j'ajouterai : qu'en
consentant à ne réclamer le prix des soins que j'ai
donnés, comme ingénieur, à la rédaction du projet, qu'à l'époque où l'exécution en serait adjugée à une compagnie quelconque, je n'ai jamais
prétendu renoncer à ces honoraires, qui d'ailleurs
devront être acquittés sur le fonds affecté au rem-
boursement des dépenses de toute nature, relatives,
soit à des opérations préliminaires, soit à la rédaction définitive du projet ; et ce, conformément à
la réserve exprimée dans la lettre de la compagnie des
canaux de Paris à M. le directeur général des ponts-
et-chaussées, en date du 23 mars 1822, à savoir :
« Que dans le cas où le canal de jonction de l'Ourcq
« à l'Aisne ne lui serait pas concédé, l'obligation de
« rembourser les frais dont elle aurait consenti à
« faire les avances serait imposée, par un article spé-
« cial de son traité, à la compagnie qui par suite d'une
« adjudication serait déclarée concessionnaire. »

Or, vous comprenez parfaitement, monsieur,
qu'en gardant le silence sur tous les faits dont je
viens de vous entretenir, ou, ce qui est plus expli-

cite, en attribuant à **M. Duleau** *l'étude du terrain et l'établissement de tous les calculs, etc.*, **vous** substituez cet ingénieur à ma place, ou, en d'autres termes, vous me privez tout à-la-fois de l'honneur que j'attache à la rédaction d'un projet éminemment utile au pays, et du droit qui m'est acquis, depuis long-temps, de recevoir le prix du travail auquel je me suis livré, dès qu'une compagnie quelconque sera appelée à en profiter.

Telle sans doute n'a pas été votre intention. Il ne m'est pas même permis d'expliquer l'inexactitude du fait dont vous avez appuyé votre proposition, par quelque inadvertance ou quelque oubli de votre part; car enfin, je n'ai point mené à Paris, depuis trente-trois ans, une vie si obscure qu'on ne sache bien que le canal de l'Ourcq est mon ouvrage, et que je ne suis resté étranger à aucun projet utile qui s'y rattache. La seule supposition à laquelle je puisse m'arrêter, est donc que vous n'étiez pas informé du véritable état des choses, lorsque vous avez présenté à la Chambre le 4 juin 1833 votre amendement sur le canal de Soissons.

Je ne vous dissimulerai pas, monsieur et honorable député, qu'en lisant cet amendement dans le *Moniteur* du lendemain, je fus surpris qu'il eût été proposé à mon insu; mais je le fus bien davantage, quelque temps après, en recevant de M. Hainguerlot, sans billet ni lettre d'envoi, une feuille volante qui contenait une nouvelle édition de cette proposition que l'on destinait apparemment à être distribuée à des personnes qui n'ont point l'habitude de lire le journal officiel dont elle était extraite.

Ce fut alors que j'eus l'honneur de vous adresser un exemplaire de mon mémoire sur le canal de Soissons publié en 1824, mémoire dont vous m'accusâtes immédiatement réception, *comme d'un travail dont vous n'aviez jamais eu connaissance,* ce que vous voulûtes bien d'ailleurs me confirmer de vive voix dans une visite que j'eus l'honneur de vous faire.

Quoique MM. Hainguerlot, père et fils, se trouvassent alors à Paris, je ne reçus, de leur part, aucun renseignement qui m'apprît comment il était arrivé que votre proposition du 4 juin se trouvât appuyée d'un fait contre la fausseté duquel j'étais évidemment fondé à réclamer.

Cependant M. Hainguerlot, de retour de Villandry, au mois de janvier 1834 prit la peine de venir causer avec moi du canal de Soissons, et de l'indispensable nécessité d'en entreprendre l'exécution, au moyen d'une subvention du trésor public.

Je me plaignis à cette occasion de l'inexactitude des renseignemens qui vous avaient été fournis, et que vous aviez rappelés en substance dans votre opinion émise à la tribune de la Chambre des députés le 4 juin 1833.

Il ne contesta pas cette inexactitude, mais il la rejeta sur je ne sais quelles inconséquences de M. son fils; cependant, dans une seconde visite il m'assura *que lui-même vous avait communiqué toutes les pièces relatives au canal de Soissons et qu'il vous avait mis exactement au courant de tout ce qui s'était passé.*

Vous savez seul, monsieur et honorable député, si M. Hainguerlot vous a donné ou non les communications qu'il m'assura vous avoir faites.

Ce qui est bien certain, c'est que votre proposition du 4 juin ne prouve, en aucune façon, que les renseignemens *prétendus exacts* qu'on annonce avoir mis à votre disposition, vous aient été véritablement communiqués (1).

(1) J'ai la plus profonde conviction de la loyauté et des bonnes intentions avec lesquelles l'honorable M. VATOUT a formulé son amendement à l'occasion du canal de Soissons dans la séance de la chambre, des députés du 4 juin 1833; je ne pouvais même desirer, comme auteur du projet de ce canal, et promoteur de son exécution, qu'on en fît un éloge plus complet, en meilleur lieu, et dans une occasion plus solennelle. N'était-il pas juste toutefois de me laisser ce qui m'appartient légitimement et de ne pas attribuer à un autre ingénieur des travaux qui m'autorisent à revendiquer pour mon compte exclusif au moins une partie de cet éloge.

Je suis également convaincu que M. VATOUT a été induit, par MM. Hainguerlot père ou fils, à tomber dans l'erreur dont je me plains, parce qu'ils avaient indubitablement quelque *intérêt matériel* à ne point le mettre au courant des faits tels qu'ils se sont passés en effet.

Quoiqu'il me fût aisé d'expliquer ici en quoi consiste cet *intérêt matériel*, je me bornerai à rappeler que si MM. Hainguerlot ont manqué dans cette circonstance à ce qu'ils me devaient, je n'ai jamais eu la pensée de rendre M. l'honorable député de la Côte-d'Or juge ou solidaire de leurs torts envers moi; j'ai voulu seulement le mettre en garde pour l'avenir contre des assertions erronées que M. Hainguerlot (*Pierre Laurent*) se permet trop souvent de hasarder, quand, en essayant de les faire accréditer par des personnes constituées en dignité dans l'état, il se flatte d'en obtenir un résultat utile à l'accroissement de sa fortune, car chez lui, comme chez l'homme dont parle Juvénal :

« CRESCIT AMOR NUMMI QUANTUM IPSA PECUNIA CRESCIT. »

. . . . (20 *mai* 1835.)

Dans cet état des choses, bien persuadé, monsieur, que personne n'est plus disposé que vous à faire prévaloir la vérité contre l'erreur et à concourir de tout votre pouvoir à rendre à chacun la justice qui lui est due, je prends la liberté de vous inviter à vouloir bien faire insérer dans le journal officiel de la Chambre une explication succincte qui rétablisse la vérité des faits, et me restitue l'honneur que je réclame d'avoir été le seul auteur du projet de canal de Soissons dont la rédaction a été faussement attribuée à un autre ingénieur que moi.

Et afin que cette explication arrive en temps utile, permettez-moi encore de vous prier de vouloir bien la faire insérer au *Moniteur* quelques jours avant la discussion qui doit s'ouvrir prochainement à la Chambre des députés, sur le budget du ministère des travaux publics pour l'année 1835.

J'ai l'honneur d'être, avec une haute considération,

MONSIEUR ET HONORABLE DÉPUTÉ,

Votre très humble et très obéissant serviteur.

P. S. GIRARD.

Ancien ingénieur en chef, directeur du canal de l'Ourcq et des eaux de Paris, membre de l'Académie royale des Sciences, etc.

www.ingramcontent.com/pod-product-compliance
Lightning Source LLC
LaVergne TN
LVHW021800170726
843503LV00007B/2934